Konrad Wallner

Der sichere Umgang mit dem Pferd

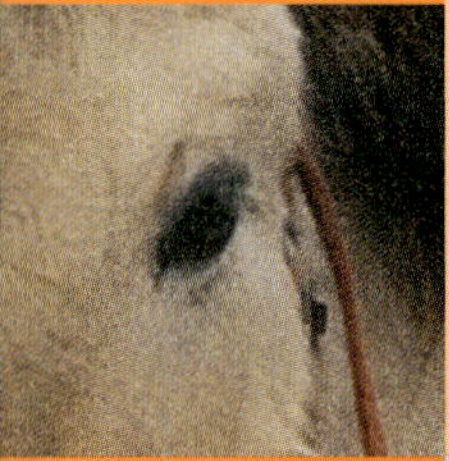

Der sichere Umgang mit dem Pferd

Konrad Wallner

blv

BLV Freizeit REITEN

Inhalt

Zum Thema

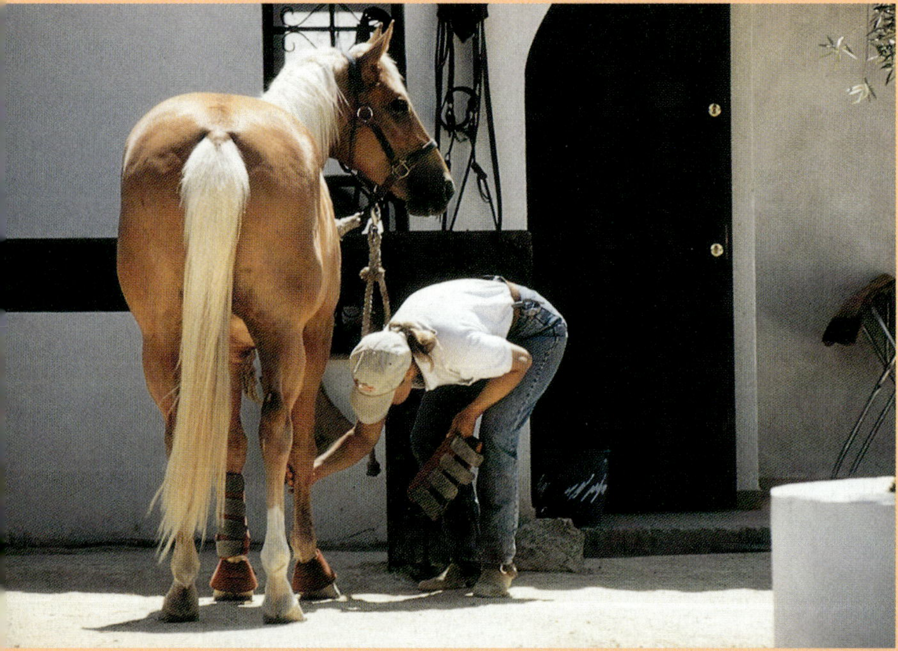

Wer reiten lernen will, sollte auch richtig mit seinem Pferd umgehen können.

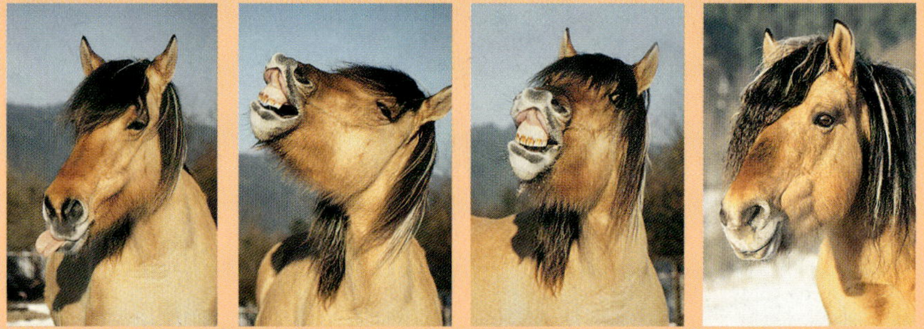

Die Mimik verrät viel über ein Pferd: Ohrenspiel und Gesichtsausdruck sind wichtige optische Signale der Verständigung innerhalb der Herde.

Mit Liebe allein ist es nicht getan.

Schon das Fohlen muss lernen, den Menschen als ranghöher zu akzeptieren.

Perfekte Übereinstimmung: Im Laufe der Ausbildung lernt das Pferd, den Menschen immer besser zu verstehen.

Praxis-Wissen

Pferde verstehen

Wie wir Menschen, so sind auch Pferde Individuen mit einer empfindsamen Seele, einem eigenen Charakter und mehr oder weniger ausgeprägtem Willen. Dennoch unterscheiden sie sich stark von uns.

Damit Sie einem Pferd klar gegenübertreten können, müssen Sie diese Unterschiede deutlich erkennen. Dies bedeutet, dass Sie ein Pferd weder wie eine seelenlose Sache noch wie einen Menschen behandeln. Ihre richtige Einschätzung und die daraus resultierenden Konsequenzen sind umso wichtiger, als Sie dadurch viele Missverständnisse in der Kommunikation mit dem Pferd vermeiden und Unfällen vorbeugen können.

Kennen Sie Ihr Pferd?

Wichtig für eine adäquate Behandlung und Einschätzung Ihres vierbeinigen Partners sind Kenntnisse über seine psychische und physische Situation. Nur so entwickeln Sie eine intensive Beziehung zu Ihrem Pferd, eine Grundvoraussetzung für ein positives Reiterlebnis. Deshalb gehört die Pflege dieser Beziehung ebenso zum Sport wie die von Sattel und Zaumzeug. Nur wenn der Reiter sein Pferd wirklich gut kennt, wenn er über dessen charakterliche Besonderheiten, Ängste und

Ein Pferd sollte weder wie ein Sportgerät behandelt noch »vermenschlicht« werden.

Fähigkeiten Bescheid weiß, wird Reiten zum Genuss und nicht zum Risiko.

Verständigung ohne Worte

Bei jeder Sportart, die mit einem Partner ausgeübt wird, müssen sich die Partner aufeinander einstellen und verständigen. Beim Reiten ist der Partner ein Pferd, eine verbale Kommunikation scheidet also aus. Umso wichtiger ist, dass der Reiter seinen Partner so genau wie möglich kennt und seine Reaktionen abschätzen kann.

Zufriedene Pferde sind sichere Pferde!

Die artgerechte Offenstallhaltung mit entsprechendem Auslauf hat einen positiven Einfluss auf die psychische Situation eines Pferdes, denn sie kommt seinem Herden- und Bewegungstrieb entgegen. Leider ist eine Offenstallhaltung in vielen Reitbetrieben nicht möglich. Jeder verantwortliche Ausbilder sollte jedoch dafür sorgen, dass den Tieren durch eine pferdegerechte Haltung das täglich Zusammensein mit dem Menschen so angenehm wie möglich gemacht wird. Denn nur, wenn sich das Pferd wohl fühlt, ist es ausgeglichen und umgänglich. Eine artgerechte Haltung ist deshalb auch die beste Unfallverhütung.

Darüber hinaus hat der Ausbilder die Aufgabe, den Anfänger auf besondere Verhaltensmerkmale eines Pferdes aufmerksam zu machen.

Offenstallhaltung: Hier fühlen sich Pferde wohl.

Das Pferd – ein Fluchttier

Das Pferd ist ein Nestflüchter und bleibt während seines ganzen Lebens ein ängstliches Fluchttier. Dies hängt mit seinen Lebensbedingungen in der freien Wildbahn zusammen: Dort konnte es sich Angriffen von Feinden oft nur durch eine schnelle Flucht entziehen. Deshalb springt ein liegendes Pferd auch mit der Vorderhand zuerst auf. So kann es sich sofort einen Überblick über die Situation verschaffen und möglichst schnell das Weite suchen.

Ein Pferd kann nicht abwägen, ob die Situation, die ihm Angst macht, eine reale Bedrohung darstellt oder nicht. Es entspricht seinem Charakter als Fluchttier, dass es ständig auf der Hut vor möglichen Gefahren ist. Deshalb kann ein – aus menschlicher Sicht vollkommen geringfügiger – Anlass es so erschrecken, dass es in Todesangst die Flucht ergreift.

Beachte:

- Ein Pferd wird nur dann aggressiv und widersetzlich, wenn es einer Angst einflößenden Situation – ob echte oder vermeintliche Bedrohung – entfliehen möchte, dies aber nicht kann.
- Hat das Pferd zu seiner Bezugsperson Vertrauen, kann diese Angst gemindert werden.

Die Triebe

Die Starken beschützen die Schwachen.

In den einzelnen Abschnitten der phylogenetischen Stufenleiter gibt es zahlreiche Verhaltensweisen, die den Nestflüchter Pferd vom Nesthocker Mensch unterscheiden. Beginnen wir mit den Trieben.
Unter Trieb versteht man den richtungslosen Drang nach einer Befriedigung. Der Instinkt dagegen ist ein Impuls, der die Richtung des Triebs bestimmt.
Die wichtigsten Triebe eines Pferdes sind der Sozial-, der Bewegungs-, der Erkundungs-, der Unabhängigkeits-, der Hautpflege- und der Heimtrieb.

Das Pferd – ein soziales Wesen

Bedingt durch seine Entwicklungsgeschichte ist der Sozialtrieb des Pferdes besonders ausgeprägt. Zum Sozialtrieb gehören der Geselligkeits-, der Rangordnungs- und der Geltungstrieb.

Der Geselligkeits- oder Herdentrieb

In der freien Wildbahn sind Fohlen und schwächere Tiere auf die Hilfe des Familienverbandes angewiesen, damit sie überleben können. Bei wild lebenden Pferden unterscheidet man Herden (Zebras), Gruppen (Junghengste) und Familienverbände (Hengst mit mehreren Stuten und Fohlen). Bei den Pferden überwiegt das Patriarchat, bei den Eseln das Matriarchat. Innerhalb eines Familienverbandes gibt es unabhängig von der Rangordnung auch Freundschaften.

Schutzwall.

Das Leittier führt die Herde an, wenn neue Futterplätze gesucht werden müssen. Die anderen Pferde folgen in der festgelegten Rangordnung. Während des Grasens hält sich der Leithengst in der Mitte der Herde auf. Die Junghengste, die mit vier bis fünf Jahren die Herde verlassen, grasen an der Peripherie. Müssen die Tiere fliehen, übernimmt eine erfahrene Stute die Führung. Der Leithengst treibt die Herde vor sich her und wehrt Feinde ab.

Die Starken schützen die Schwachen

Ist der Fluchtweg abgeschnitten, bildet die Herde einen lebenden Schutzwall um die Jüngsten und Schwächsten. Die stärkeren und erfahrenen Tiere stehen mit der Hinterhand nach außen, damit sie mit gezielten Hufschlägen den Angriff des Gegners abwehren können. Dies ist natürlich nur möglich, wenn die Rangordnung eingehalten wird.

Orientierung

Ein Fohlen, das die nähere Umgebung erkundet und sich dabei so weit von der Herde entfernt, dass es die Orientierung verloren hat, bewegt sich instinktiv so lange im Kreis, bis es zu seiner Herde zurückfindet. Alle Lebewesen, die in Rudeln, Verbänden, Gruppen, Familien oder Herden leben, zeigen dieses Verhalten, die »natürliche Schiefe«.

Geselligkeitstrieb und Ausbildung

Bei der Ausbildung eines jungen Pferdes wird der Geselligkeitstrieb berücksichtigt. Unternehmen Sie also in der Gewöhnungsphase am besten nichts ohne ein »Führpferd«, sei es beim ersten längeren Führen, beim ersten Anspannen oder beim ersten Ausritt, beim ersten Durchs-Wasser-Reiten, beim Einspringen, bei der ersten Hängerfahrt, beim ersten Beschlagen oder beim ersten Kontakt mit dem Tierarzt.

In den Anfängerstunden kommt der Ausbilder dem Herdentrieb nach, indem er seine »Herde« in einer Abteilung zusammen lässt. So können Unfälle zwar nicht ganz verhindert, aber doch minimiert werden. Denn Pferde können völlig unberechenbar reagieren, wenn sie aus ihrem Verband herausgenommen oder von ihrem Partner getrennt werden. Selbst manche Verleihpferde, die den Reitstundenrhythmus kennen, regen sich auf, schwitzen und wiehern kläglich, wenn sie einmal ganz allein im Stall bleiben müssen.

Sollte ein Pferd unglücklicherweise ohne Artgenossen in einem Stall untergebracht sein, wäre es von Vorteil, wenn wenigstens noch ein anderes Tier mit im Stall wäre, beispielsweise ein Schaf, eine Ziege, ein Hund, eine Katze oder ein Kaninchen. Denn das Anlehnungsbedürfnis des Pferdes an ein Bezugstier oder eine Bezugsperson ist sehr groß.

Links: Nehmen Sie anfangs ein Führpferd mit. Unten: Pferde lieben Gesellschaft.

Die Rangordnung

Ohne Rangordnungstrieb kann eine Pferdefamilie in der freien Wildbahn nicht überleben, Dieser Trieb ist auch bei den seit etwa 5000 Jahren domestizierten Pferden noch sehr tief verwurzelt. Deshalb gibt es in jeder Stallgemeinschaft eine Rangordnung. Beobachten Sie einmal, in welcher Reihenfolge die Pferde an die Tränke oder an die Futterstelle gehen.

Oben: Wer ist der Ranghöhere? Unten: Rangordnungstrieb – ein möglicher Nachteil bei Rennen.

Schon mancher Trainer von Rennpferden stand vor einem Rätsel, wenn ein besonders schnelles Pferd nicht zu bewegen war, aus dem Pulk heraus an den anderen Pferden vorbeizugehen. Hält der Herdentrieb es in der Gemeinschaft oder scheut es sich, an einem ranghöheren Pferd vorbeizugehen?

Sogar in der Beziehung zu einem anderen Tier oder einem Menschen versucht das Pferd, eine Rangordnung herzustellen. Interessant ist dabei, dass nicht immer der stärkste und kräftigste Reiter, sondern häufig Jugendliche und Frauen als ranghöher angesehen werden. Ist ein Pferd beispielsweise mit einem Hund im Stall untergebracht, ordnet sich das Pferd häufig dem Hund unter.

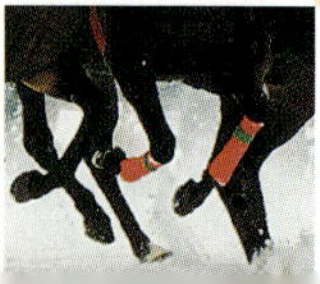

Beachte:

Die Anerkennung des Menschen als Ranghöheren resultiert nur aus einer vertrauensvollen Partnerschaft und nie aus einer gewaltsamen Unterordnung.

Der Geltungstrieb

Am deutlichsten kann man den Geltungstrieb erkennen, wenn ein Hengst um eine Stute wirbt. Mit bewundernswerter Leichtigkeit tänzelt er in hoher Aufrichtung mit erhabenen Tritten um die Stute herum. Piaffe und Passage, die manche Dressurpferde erst im siebten bis achten Lebensjahr oder nie lernen, zeigt er in natürlicher Selbstverständlichkeit.

Der Bewegungstrieb – vom Zehengänger zum Zehenspitzengänger

Das Pferd ist ein Tier der Bewegung. In seiner Evolutionsgeschichte hatte der schnelle, ausdauernde und wendige Lauf eine große Bedeutung. Besonders deutlich erkennt man dies an der Verkümmerung der ersten, zweiten, vierten und fünften Zehe (zwei Griffelbeine und zwei Gleichbeine). Je länger und härter die Wanderwege waren, desto stärker wurde die Mittelzehe belastet. Sie bildete sich immer mehr zum Hauptträger aus und wurde durch einen Hornschuh geschützt. Der Eohippus, das Urpferdchen, bewegte sich noch auf fünf Zehen. Es legte täglich eine Wegstrecke von 40 bis 60 Kilometern zurück.
Wie wichtig eine schnelle Bewegung war, kann man auch daran erkennen, dass beim Pferd alle Organe, die eine schnelle Bewegung behindern könnten, relativ klein sind: Ein Pferdemagen fasst nur zwölf bis 18 Liter und Stuten haben ein auffallend kleines Euter. Deshalb müssen Fohlen etwa fünfzigmal am Tag daran trinken, damit sie die notwendige Tagesmenge von 15 bis 25 Litern zu sich nehmen. Ein Kalb schafft dieselbe Menge in nur fünf Mahlzeiten.

Hier lässt sich nach Lust und Laune toben.

Bewegung ist Leben

Warum sind Vollblüter und Pferde, die in Gestüten oder größeren Zuchtbetrieben aufwachsen, so normal? Dies liegt vor allem an der artgerechten Gruppen-Weidehaltung mit oder ohne Offenstall. Unter natürlichen Witterungsbedingungen können die Pferde auf den Weiden ihren Bewegungstrieb ausleben. Die Fohlen finden genügend Spielraum für ihren Übermut und ihre Spiellaune, die Zwei- bis Vierjährigen können den Rangordnungs- und Geltungstrieb ausleben, Freunde können ihrem Sauberkeitstrieb nachgeben und sich gegenseitig ausgiebig beknabbern. Natürlich ist der Bewegungstrieb bei den verschiedenen Pferderassen und Züchtungen unterschiedlich ausgeprägt. Ein Vollblüter, der schon als Zweijähriger Rennen bestreitet, benötigt für sein Wohlbefinden mehr Bewegung als ein Kaltblüter.

Lunge und Herz trainieren

Genügend Bewegung ist wichtig, denn dadurch wird die Blutzirkulation des Bewegungsapparats bis in die Hufe hinein gefördert. Die Leistung von Lunge

und Herz spielt dabei eine entscheidende Rolle. Gerade die Lunge wird beim schulmäßigen Reiten oder beim Spazierenreiten zu wenig beansprucht. Kein Wunder also, wenn sie ohne entsprechendes Training bei einer plötzlichen Überanstrengung versagt. Herz und Lunge können die im Stoffwechsel vermehrt anfallende Kohlensäure dann nicht mehr ausscheiden, sie gelangt in den Blutkreislauf, das Pferd ist erschöpft.

Geradezu kurzsichtig ist vor diesem Hintergrund die Praxis mancher »Jagdreiter«, die ihr Pferd drei bis vier Wochen vor einer Jagd nur wenig bewegen, es geradezu schonen. Sie schwächen damit nicht nur die Kondition des Pferdes, sondern auch ihre eigene.

Neurotisches Verhalten

Seit Sigmund Freud wissen wir, dass die Unterdrückung naturgegebener Triebtätigkeit zu Erkrankungen neurotischer Art führen kann. Dies trifft nicht nur auf Menschen zu. Das Pferd versucht, seinen aufgestauten und unbefriedigten Bewegungstrieb abzureagieren, indem es steigt, sich einer Aufgabe widersetzt, wegstürmt, ausschlägt, beißt, webt oder, noch schlimmer, koppt. Vor diesem Hintergrund war die »Ständerhaltung« der meisten Pferde unverantwortlich.

Beachte:

- Regelmäßiges Training ist für Reiter und Pferd gleichermaßen wichtig. Laut Statistik passieren nämlich 27 Prozent aller Reitunfälle Reitern, die nur am Wochenende Zeit zum Reiten haben.
- Ein Pferd sollte täglich mindestens zwei, noch besser drei Stunden an zwei verschiedenen Tagesabschnitten bewegt werden.
- Ruhetage, an denen die Pferde nur geführt werden oder Auslauf im Paddock und/oder auf der Weide bekommen, sind gelegentlich sinnvoll. Auf keinen Fall sollen reine Stehtage eingelegt werden.

Mit wachen Augen die Umgebung erforschen.

Der Erkundungstrieb

Je höher ein Tier entwickelt ist, je schneller es sich bewegt, umso ausgeprägter sind Erkundungs- und Unabhängigkeitstrieb. Der Erkundungstrieb ist für das Pferd in der Wildnis lebensnotwendig, ob bei der Suche nach den günstigsten Weideplätzen, nach einer Wasserstelle oder bei der Beobachtung der Umgebung. Wenn die Herde schläft, bleibt immer ein Pferd stehen und sucht die Gegend nach möglichen Feinden ab. Diese Triebe sind tief verwurzelt: Auch ein domestiziertes Pferd hat ständig einen Teil seiner Sinne auf die Umgebung gerichtet. In guten Gestüten oder Ställen versucht man diesem Instinkt gerecht zu werden, indem man möglichst jedem Pferd eine Fenster- oder Türöffnung in Kopfhöhe verschafft. Außenboxen, die den Pferden einen Ausblick aufs Gelände gewähren, sind zwar witterungsabhängig, aber sicher artgerechter als eine perfekt temperierte, abgeschlossene Innenbox. Der Erkundungstrieb eines Pferdes kann so stark sein, dass es die Boxentür selbst öffnet, die Haferkiste sucht und sich daraus bedient oder mit einer befreundeten Stallgefährtin flirtet.

! Beachte:

Ein intelligentes und feinfühliges Pferd will seine Umgebung erkunden und an dem Treiben seiner Umwelt teilhaben. Diesem Bedürfnis soll und muss in der Pferdehaltung entsprochen werden.

Der Unabhängigkeitstrieb

Legen Sie im Umgang mit Ihrem Pferd besonderes Augenmerk auf seinen Unabhängigkeits- oder Freiheitstrieb. Je sensibler und intelligenter ein Pferd ist, umso weniger verträgt es Zwang. Es ist unmöglich, ein edles Pferd am Kopf in eine Richtung zu ziehen, in die es, aus welchem Grund auch immer, nicht gehen will; es würde sich eher zu Tode schleifen lassen, als nachzugeben.

Pferde lieben die Freiheit über alles.

Futterneid oder Antipathie?

Auf der Weide darf nur die Freundin oder der Freund »Kopf an Kopf« mit ihm grasen. Jedes andere Pferd, das sich aufdrängen möchte, wird gebissen oder sogar geschlagen. Pferde, die »sich nicht riechen können«, sollten deshalb nicht nebeneinander gestellt werden. Setzt man sich aus Unkenntnis darüber hinweg, muss man sich nicht wundern, wenn die Pferde aggressiv werden. Vielleicht interpretiert man die Aggressivität zunächst als Futterneid. Dies trifft aber in den seltensten Fällen zu. Die Herdentiere der Steppe kannten keinen Futterneid. Nachdem die an der Spitze wandernden Tiere den Pflanzenwuchs abgegrast hatten, blieben sie zurück, um die dahinter grasenden Tiere an die Spitze zu lassen. Dies wurde so lange praktiziert, bis schließlich auch die letzten in der Rangordnung ganz vorn waren und sich satt fressen konnten.

Zwang vermeiden

Der Unabhängigkeitstrieb eines Pferdes wird auch gestört, wenn Sie versuchen, eine bestimmte Lektion mit Gewalt einzuüben. Sollte sich das Pferd heftig widersetzen, muss ein guter Horseman sich etwas einfallen lassen, damit das Pferd das Gefühl hat, nicht unter Druck oder Zwang, sondern aus eigenem Impuls gehandelt zu haben. Die Zwangsmethode ist unter der Würde eines guten Reiters und Ausbilders.

Beachte:

Wer sein Pferd als Persönlichkeit schätzt, der respektiert auch seinen Unabhängigkeits- und Freiheitstrieb.

Die Haut: Sinnesorgan und Schutz

Der Trieb zur Hautpflege ist im Tierreich weit verbreitet, vor allem Katzen sind für ihre geradezu sprichwörtliche Reinlichkeit bekannt. Aber auch bei Pferden ist der Reinigungstrieb stark ausgeprägt, denn aufgrund der hohen Hautaktivität geraten sie leicht ins Schwitzen. Damit das Fell nicht verklebt, muss es regelmäßig gereinigt werden. Frei lebende Wildpferde haben deshalb ein tägliches Reinigungsritual: Sie massieren ihre Haut, indem sie sich im Sand wälzen, in der Schwemme baden und sich gegenseitig beknabbern. Werden Pferde in Ställen, womöglich auch noch einzeln, gehalten,

Beknabbern: liebevolle Hautpflege.

muss der Mensch einen Teil dieses Pflegeprogramms übernehmen. Denn das sorgfältige Putzen des Pferdes dient der Erhaltung seiner Gesundheit, trägt zu seinem Wohlbefinden und seinem psychischen Gleichgewicht bei und vertieft sein Vertrauen zum Menschen. Je ruhiger und gelassener Sie dabei vorgehen, desto positiver ist der Effekt: Lassen Sie sich also Zeit bei der Pflege Ihres Pferdes – es wird es Ihnen sicher danken.

Balsam für die Pferdeseele

Die ersten schriftlichen Hinweise über die Pflege von Pferden verdanken wir dem königlichen Stallmeister Kikkuli (ca. 1400 v. Chr.). Nach seiner Darstellung wurden Wagenpferde mit regelmäßigen Schwitz- und Badekuren, Kalt- und Warmwasserwaschungen sowie Körpermassagen behandelt, damit sie den Strapazen der Wagenrennen vor allem psychisch besser gewachsen waren.

Der Gewohnheitstrieb

Ein Pferd, das aus seiner gewohnten Umgebung herausgenommen wird, befällt erst einmal Unsicherheit. Diesen Umstand kann sich ein Ausbilder bei der Korrektur verdorbener oder widersetzlicher Pferde zunutze machen. So mancher Pferdebesitzer war schon überrascht, wenn sich sein sonst so widersetzliches Pferd unter einem anderen Reiter in einer fremden Reitanlage von der besten Seite zeigte. Für diese plötzliche Verhaltensänderung war nicht nur der neue Reiter verantwortlich, sondern auch die Unsicherheit des Pferdes, das aus seiner gewohnten Umgebung und Gesellschaft herausgerissen war.

! Beachte:

Eine gute Hautpflege ist wichtig für das Wohlbefinden des Pferdes. Ein Sattel auf einem verklebten oder verkrusteten Fell kann so schmerzen, dass sich das Pferd widersetzt und so einen Unfall verursacht.

Widersetzliches Pferd in der eigenen Anlage.

Seine Unsicherheit hat es dazu veranlasst, die Hilfen des Reiters anzunehmen und sich auf ihn zu konzentrieren. Ein ähnliches Verhalten kann man bei vielen Turnierpferden beobachten: Bei einem Turnier auf der eigenen, heimischen Anlage fühlen sie sich sicher und sind ungehorsam, auf fremden, ihnen unbekannten Turnierplätzen sind sie lammfromm.

Veränderungen frühzeitig vornehmen

Pferde haben ein ausgeprägtes Raumgefühl. Findet auf der eigenen Anlage ein Turnier statt, muss manches an den örtlichen Gegebenheiten verändert werden. Durch diese Umbauten wird das Raumgefühl des Pferdes gestört. Es wird widersetzlich, weil sich in seinem gewohnten Bereich so vieles verändert hat. Beginnen Sie so früh wie möglich, die örtlichen Veränderungen vorzunehmen. So können sich die Pferde des eigenen Vereins daran gewöhnen, und Unfällen wird wirksam vorgebeugt.

! Beachte:

Die gute Ausbildung eines Pferdes basiert auf gegenseitigem Vertrauen, korrekter Hilfengebung und Gewöhnung.

Hilfen geben

Ein Pferd, das die Hilfen vertrauensvoll annimmt, muss mit Ausdauer und viel Geduld so an sie gewöhnt werden, dass es reflexartig darauf reagiert. Reflexartig kann ein Pferd aber nur reagieren, wenn die gegebenen Hilfen ganz präzise an bestimmten Stellen gegeben werden. Bei einem unruhigen Sitz, einer unruhigen Schenkellage und Zügelführung können keine präzisen Hilfen gegeben werden.

Der Schlaftrieb

Der Schlaftrieb ist bei einem Pferd nicht so ausgeprägt wie bei uns Menschen. Während wir im Tiefschlaf fast bewusstlos sind, schlummern Pferde nur. Sie können auch stehend schlafen, wobei der Gleichgewichtssinn nicht ausgeschaltet ist. Sensible Pferde legen sich in einer ihnen unbekannten Box nicht hin. Sollte sich ein Pferd während eines Turnierwochenendes nicht hinlegen wollen, wird seine Leistung dadurch nicht wesentlich beeinflusst.

Der Geschlechtstrieb

Der Geschlechtstrieb ist bei Pferden unterschiedlich ausgeprägt. Es gibt Stuten, bei denen man die Rosse kaum sieht oder im Umgang spürt. Andere Stuten reagieren in dieser Zeit (vier bis fünf Tage) so überempfindlich, dass sie nicht geritten werden können. Es gibt Rennstallbesitzer und Trainer, die Stuten während ihrer Rosse keine Rennen laufen lassen. Auch bei den Hengsten gibt es unterschiedlichste Verhaltensweisen. Die einen bleiben an den Hilfen, wenn sie zwischen mehreren rossigen Stuten geritten werden, andere widersetzen sich jeder Hilfengebung, wenn sie eine rossige Stute nur riechen.

Beachte:

Durch die unterschiedliche Ausprägung des Geschlechtstriebs kann, selbst bei sonst braven Pferden, das Risiko eines Unfalls erhöht sein. Beachten Sie deshalb folgende Grundsätze:

- Arbeiten Sie einen Hengst nicht mit rossigen Stuten zusammen.
- Lassen Sie Stuten während ihrer Rosse frei laufen.
- Auf rossigen Stuten sollten nur sichere Reitschüler reiten.

Weidenäste sind willkommene Leckerbissen.

Instinkte

Instinkte und Triebe wirken oftmals so eng zusammen, dass man nicht generell zwischen ihnen unterscheiden kann.

Das Richtige fressen: der Ernährungsinstinkt

Wild lebende Pferde fressen niemals Pflanzen, die für sie giftig sind. Während der Domestikation ist dieser Instinkt etwas verkümmert. So kann man heute schon ab und zu beobachten, dass ein Pferd seinem Futtertrieb nachgibt und beispielsweise an einer Akazie knabbert, obwohl sein Ernährungsinstinkt ihm das verbieten müsste. Das Bedürfnis, Zweige und Blätter zu fressen, stammt aus der Urzeit, in der Pferde überwiegend in Wäldern zu Hause waren. Nach anstrengenden Tagen haben Pferde oft wenig Appetit. Sie können ihnen dann Weiden- oder Buchenzweige als Appetitanreger anbieten.

Den Futtertrieb ausnutzen

Mit Hilfe des Futtertriebs können Sie ein Pferd spielend an ihm artfremde Vorgänge oder unbekannte Gegenstände gewöhnen. Jeder Reiter oder Ausbilder ist gut beraten, wenn er immer einen Leckerbissen in seiner Tasche hat, frei nach dem Motto: »Wes' Brot ich ess', des Lied ich sing'«.

Beachte:

Hat ein Pferd eine giftige Pflanze zu sich genommen, verständigen Sie sofort den Tierarzt. Zeigen oder sagen Sie ihm, welche Pflanze das Tier gefressen hat.

In von Pferdefachleuten geleiteten Reit- oder Ausbildungsstätten werden Pferde schon Wochen vor ihrem ersten Turnier an den Hänger gewöhnt, indem man ihren Futtertrieb ausnutzt: Zur Fütterungszeit werden sie in den Hänger geführt und dort gefüttert.
Halten Sie die Fütterungszeiten und die nachfolgenden Ruhezeiten pünktlich ein – damit steigern Sie das Wohlbefinden Ihres Pferdes beträchtlich. Reichen Sie nach einer gelungenen Übung immer sofort einen kleinen Leckerbissen.

Vertrauen Sie Ihrem Pferd: Es findet sicher nach Hause.

Eingebauter Kompass: der Orientierungsinstinkt

Wie Lachse, Aale, Bienen oder Zugvögel haben auch Pferde einen inneren Kompass. Erzählungen zufolge sollen Pferde Entfernungen von mehr als 200 Kilometern zurückgelegt haben, um nach Hause zu kommen, obwohl sie von dort in geschlossenen Güterwaggons weggebracht wurden.
Pferde, die längere Zeit in Gruben unter Tage arbeiteten, wurden nach einer gewissen Zeit blind. Dennoch fanden sie mit einer erstaunlichen Sicherheit immer den richtigen Weg, ohne dass jemand sie führte. Ob bei diesem Phänomen der Heimtrieb, das gute Ortsgedächtnis oder der Orientierungsinstinkt überwiegt, ist nicht erforscht. Eines ist aber absolut sicher: Sollten Sie sich einmal verirrt haben und die Dunkelheit schon hereingebrochen sein, dann findet Ihr Pferd eher den kürzesten Heimweg als Sie. Also: Lassen Sie die Zügel lang und vertrauen Sie Ihrem Pferd!

Reflexe

Zwischen Gefühlen und Reflexen herrscht ein ähnlich enges Zusammenspiel wie zwischen Instinkten und Trieben: Wird ein Fohlen beispielsweise unvorsichtig berührt, schlägt es aus. Dies ist eine unbewusste Reaktion auf einen Reiz, also ein Reflex. Ein älteres Pferd dagegen erkennt seinen »Peiniger« und schlägt aus: Dies ist eine bewusste, gefühlsbetonte Reaktion.

Für die Ausbildung spielen die über das Bewusstsein und das Gefühl erworbenen zentralen Reflexe eine besondere Rolle.

Ein gerade angerittenes Pferd reagiert beim ersten Schenkeldruck lediglich mit Zucken der Haut an der Druckstelle. Dies ist eine reflexartige Reaktion. Der Reiter will aber, dass das Pferd auf der Seite, wo der Schenkel drückt, seinen Hinterfuß anhebt und vorwärts bewegt. Da das Pferd den Zweck dieser Hilfe noch nicht kennt, unterstützt der Reiter den Schenkeldruck mit einer Gertenhilfe. Anfangs reagiert das Pferd empfindlich, später bereits beim ersten Schenkeldruck. Sein Bewusstsein signalisiert, dass es den entsprechenden Hinterfuß anheben muss. Erst wenn das Pferd reflexartig auf die Hilfen reagiert, können schwierigere Lektionen geübt werden. Sind die Reflexe über die Reflexbahnen in Fleisch und Blut übergegangen, bleiben sie jahrelang bestehen. Auch Pferde, die wegen Lahmheit oder sonstiger Gründe aus dem Training genommen wurden, reagieren sofort wieder auf die feinsten Hilfen, wenn sie diese vorher erlernt haben.

! Beachte:

Damit ein Pferd reflexartig richtig reagieren kann, müssen die Hilfen des Reiters gefühlvoll und bestimmt im richtigen Moment des Bewegungsablaufs gegeben werden.

Sinne

Bestimmte, für Sie unverständliche Verhaltensweisen Ihres Pferdes können Sie unter Umständen besser begreifen, wenn Sie seine anatomischen und physiologischen Besonderheiten kennen.

Gesichtsfeld

Die Augen sind bei Mensch und Pferd unterschiedlich angeordnet. Beim Menschen liegen sie frontal im Kopf, er sieht konvergierend (übereinstimmend). Beim Pferd liegen die Augen seitlich im Kopf; es sieht divergierend (auseinander gehend). Man könnte die unterschiedliche optische Wahrnehmung mit verschiedenen Objektiven in der Fotografie vergleichen: Demnach würden der Mensch über ein normales, das Pferd über ein Weitwinkel- und der Adler über ein Teleobjektiv verfügen.

Schutz vor Gefahr

Die Sehkraft des Pferdes ist seinen natürlichen Lebensverhältnissen und Bedürfnissen perfekt angepasst. Die seitliche Anordnung der Augen und die ovalen, quer liegenden Pupillen befähigen das Pferd, in einem Winkel von fast 360 Grad alles zu erkennen.

Eine lebenswichtige Fähigkeit, denn die natürlichen Feinde des Wildpferdes - Raubkatzen, Wölfe oder Bären - griffen es nie von vorn, sondern stets von oben, hinten oder der Seite an. Aufgrund seines weiten Gesichtsfeldes kann das Pferd Gefahren rasch erkennen und blitzschnell ausweichen oder fliehen. Glückt dies nicht, versucht es den Feind durch Wälzen abzuschütteln, oder es jagt unter einem niedrig hängenden Ast hindurch und versucht ihn abzustreifen. Diese Verhaltensweisen zeigt auch ein widersetzliches oder junges Pferd, wenn es sich gewaltsam von seinem Reiter befreien möchte. Solche Pferde sollten nur von erfahrenen Reitern eingeritten oder korrigiert werden.

Die Angst sitzt tief

Obwohl sich im Laufe der Evolution der Lebensraum des Pferdes verändert hat, sitzt die Angst vor Raubtieren tief. Deshalb kann eine offen stehende Garage auch das bravste Pferd erschrecken, weil sie es instinktiv an eine Raubtierhöhle erinnert. Dieselbe Angst lässt das Pferd nur ungern vom Hellen ins Dunkle gehen, denn in Wald oder Gebüsch lauerten seine Feinde.

Transfer von Ereignissen

Es gibt Situationen, in denen ein Reiter verzweifeln könnte: Ein Pferd reitet auf der linken Hand zehnmal an einem bunten Gegenstand vorbei, ohne eine

Reaktion zu zeigen. Auf der rechten Hand will es daran aber nur widerwillig oder gar nicht vorbeigehen. Diese Reaktion beruht auf der Anordnung der Augen im Pferdekopf. Das Pferd sieht einen Gegenstand, an dem es ganz nahe vorbeigeht, nur mit einem Auge. Das Gehirn des Pferdes kann positive oder negative Ereignisse, die es nur mit einem Auge erkennt, nicht auf die andere Seite transferieren (übertragen). So sieht das Pferd beispielsweise an der kurzen Seite einer Reithalle - wegen des eingeschränkten Blickfeldes - Gegenstände außerhalb der Bande nur mit einem Auge. Wird nun sein ausgeprägtes Raumgefühl durch irgendeine Veränderung gestört, muss man dem Pferd die Möglichkeit geben, diese Veränderung sowohl mit dem linken als auch mit dem rechten Auge zu erfassen.

Die offene Garage erinnert an eine Raubtierhöhle.

Bewegungsintensives Sehen

Ein Pferd nimmt Bewegungen wesentlich intensiver wahr als ein Mensch. Während wir in der Sekunde 18 Einzelbilder unterscheiden können, sieht das Pferd 25 bis 28 Bilder. Eine Fähigkeit, die ihm in der freien Wildbahn gute Dienste leistet: Vor sich vermag es die geringste Bodenunebenheit zu erkennen und hinten den angreifenden Feind mit einem gezielten Hufschlag zu treffen. Diese Fähigkeit kann für einen Reiter allerdings dann zum Verhängnis werden, wenn das Pferd eine durchs Gras huschende Maus oder Eidechse wahrnimmt, erschrickt und scheut oder davongaloppiert.

! Beachte:

Pferde sehen einen sich bewegenden – vermeintlichen – Feind deutlicher, als wenn er sich in Ruhestellung befindet.

Die Räder des Traktors erregen das Pferd.

Verkehrssicher?

Dieses Betragen zeigen Pferde auch in anderen Situationen. Selbst verkehrssichere Pferde verhalten sich seltsam, wenn ihnen ein Readymix-Auto, ein Traktor oder ein Radfahrer entgegenkommt. Beim Readymix-Auto ist es der rotierende Betonbehälter, bei den Traktoren und Fahrrädern die Drehung der Räder, die das bewegungsintensiv sehende Pferd erregen. Bei schnell fahrenden Autos und Zügen kann es die Bewegung der Räder nicht erkennen und bleibt deshalb ruhig und gelassen. Soll ein Pferd verkehrssicher gemacht werden, müssen auch solche Situationen berücksichtigt werden. Denken Sie immer daran, dass die natürlichen Feinde des Pferde meist von hinten angegriffen haben. Gewöhnen Sie es deshalb mit Geduld und Einfühlungsvermögen an Fahrzeuge, die sich von hinten nähren.

Gute Sicht im Dunkeln

In der Dunkelheit sieht ein Pferd dank der höheren Lichtkapazität seiner Augen besser als ein Mensch. Wie viele Haustiere, so hat auch das Pferd im Augenhintergrund eine Art Leuchtschicht, die einfallendes Licht reflektiert. Die durch die Netzhaut dringenden Lichtstrahlen werden darin aufgefangen und noch einmal gegen die in der Netzhaut liegenden Sehzäpfchen gespiegelt. Das ermöglicht es dem Pferd auch dann noch gut zu sehen, wenn wir in der Dunkelheit die Hand vor Augen nicht mehr erkennen können.

Schneller Wechsel von Licht und Dunkelheit

In der Steppe, der Heimat der Wildpferde, ändern sich die Lichtverhältnisse langsam, die Augen der Pferde können sich also gemächlich daran anpassen. Dies erklärt, warum Pferde häufig Probleme mit künstlichem Licht haben und weshalb selbst das bravste Schulpferd scheuen kann, wenn es aus der Dunkelheit in die hell erleuchtete Halle tritt: Es sieht in diesem Moment nichts und reagiert daher mit Fluchtansätzen. Ähnlich verhält sich auch ein Pferd, das bei Dunkelheit plötzlich vom grellen Scheinwerferlicht eines Autos geblendet wird.

Vorsicht: Ist das eine Schlange?

Das Gehör – fein wie ein Radar

Ein Pferd kann seine Ohrmuschel nach vorn, zur Seite und nach hinten bewegen und so selbst die leisesten Töne wahrnehmen und ihre Herkunft lokalisieren. Ein Pferd kann in der Sekunde 25 bis 28 Schallfrequenzen unterscheiden, der Mensch bringt es gerade auf 18 Schallfrequenzen. Dieses feine Gehör war für das Überleben des Fluchttieres Pferd notwendig.

Haben Sie schon einmal erlebt, wie nervös ein Pferd reagiert, wenn es das Zischen einer Sprühdose hört? Dieses Geräusch erinnert es instinktiv an das Zischen einer Schlange – ein Feind der Wildpferde. Ein ähnliches Geräusch verursacht ein Wasserschlauch, der durch den Sand gezogen wird.

Ein Pferd bedient sich - ähnlich wie eine Fledermaus - der Echoortung. Aus diesem Grund springt ein Pferd lieber über eine Mauer als über ein Hindernis mit einer oder zwei Stangen (Mächtigkeitsspringen).

Der Geruchssinn

Jedes Pferd hat seinen eigenen Duft, der von Duftdrüsen in den Nüstern gebildet wird. Das Beriechen eines Stallnachbarn ist deshalb für das erste Kennenlernen sehr wichtig. Auf der Koppel bilden sich zwischen den Pferden nur dann Freundschaften, wenn sie »sich riechen können«. Ähnlich verhält sich das Pferd auch gegenüber seiner Bezugsperson. Verzichten Sie deshalb für die erste Zeit des Kennenlernens auf Parfums und andere Düfte.

Stärker als der Geschmackssinn

Der Geruchssinn ist dem Geschmackssinn überlegen. Ein Pferd wird kein Wasser oder Futter kosten, das nicht gut riecht. Schon ein anderer Wassereimer kann wegen des fremden Geruchs abgelehnt werden. Auf der Weide bleibt das Gras an den Stellen (Gailstellen) unberührt, an denen vor einem oder mehreren Jahren ein Pferd gemistet hat. Ganz empfindliche Pferde rühren das Futter nicht an, wenn kurz zuvor eine Maus oder eine Ratte darüber gelaufen ist.

Beachte:

Das erhöhte Wahrnehmungsvermögen optischer, akustischer und olfaktorischer Reize führt häufig dazu, dass ein Pferd erschrickt, scheut oder durchgeht. Nur ein Reiter, der den Grund für diese Reaktionen nicht kennt, unterstellt seinem Pferd, dass es aus Widersetzlichkeit oder Boshaftigkeit handelt.

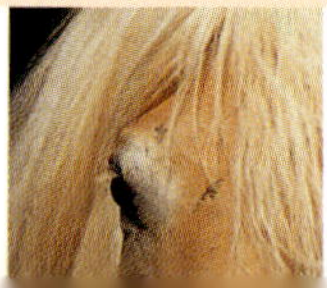

Bewusstsein

Der Begriff »Bewusstsein« ist sehr komplex und kann in all seinen Bedeutungsinhalten hier nicht abgehandelt werden. Im Falle des Pferdes verstehen wir unter Bewusstsein seine Fähigkeit, auf Sinneseindrücke entsprechend zu reagieren. Ein Pferd kann mit seinen verschiedenen Sinnen etwas wahrnehmen und direkt darauf reagieren. Es wird aber niemals denselben Grad an Bewusstsein erlangen wie ein Mensch.

Die Sinnesorgane des Pferdes nehmen äußere Eindrücke über das Nervensystem auf und geben sie an andere körperliche und seelische Bereiche weiter. Oft kann man nach einer gefährlichen Situation hören: »Das Pferd hat unbewusst reagiert!« Ich bin anderer Meinung: Es hat bewusst reagiert. Denn es hat die Gefahr bewusst erkannt und entsprechend reagiert. Wie wäre es sonst zu erklären, dass ein Reiter, der in einem Rennen stürzt, von keinem Pferd niedergetrampelt wird?

Wenn die Triebe stärker sind

Allerdings gibt es auch andere Beispiele: Es ist schon vorgekommen, dass Pferde in ihren brennenden Stall zurückstürmen, weil der Heimtrieb stärker ist als das Bewusstsein der tödlichen Gefahr! Bei einem Steppenbrand dagegen würden Wildpferde aus der Gefahrenzone fliehen.

Gefühl und Gefühlsäußerungen

Empfangene Sinneseindrücke werden zu Empfindungen und Wahrnehmungen. Sobald Empfindungen und Wahrnehmungen bewusst erlebt werden, entwickelt sich ein Gefühl. So reagieren wir Menschen beispielsweise auf Erfolg mit einem Glücksgefühl. Ein Misserfolg dagegen bedeutet Unglück, auf Tod reagieren wir mit Trauer, auf Feinde mit Hass, auf Schuld mit Reue.
Sie dürfen jedoch nicht den Fehler begehen, Ihre Wahrnehmungs- und Gefühlswelt auf das Pferd zu übertragen
Ein Pferd, das in einer Offenstallhaltung großgezogen wurde, steht lieber draußen im Regen oder in der eisigen Kälte als in einem wohl temperierten Stall. Im Sommer, wenn die Menschen sich sonnen, zieht es das Pferd in eine Schutzhütte. Diese Beispiele verdeutlichen den Unterschied zwischen menschlichen und tierischen Empfindungen

Gefühlsäußerungen

Wiehert das Pferd, sobald der Pfleger, der Reiter oder die Bezugsperson den Stall betritt, ist das ein Ausdruck von Freude. Schnaubt es wohlgefällig und beriecht bzw. stupst den Eindringling mit den Nüstern, ist das auch ein Zeichen der Zufriedenheit. Dreht sich das Pferd aber um, drückt es seinen Unwillen aus. Schnaubt es ängstlich und dreht sich nach dem »Beriechen« um, dann stimmt etwas mit der Bezugsperson nicht. Vielleicht trägt sie ein neues Parfüm oder ein unbekanntes Kleidungsstück. Ein Pferd ist sehr geruchsempfindlich. Nehmen Sie nach Möglichkeit darauf Rücksicht und irritieren Sie es nicht durch zu viel Parfüm oder verschiedene Duftwässer. Es gibt Pferde, die flehmen (die Nase rümpfen), wenn ihnen plötzlich ein intensiver Geruch in die Nase steigt. Eine Redensart, die wir häufig benutzen, trifft auf das Pferd ganz wörtlich zu: Es kann jemanden oder etwas nicht riechen.

Die typische Drohgebärde eines Beißers

Beißen und schlagen

Das Fluchttier Pferd wird nur dann aggressiv, wenn es nicht fliehen kann. *Beißer* und *Schläger* fand man meist dort, wo die Pferde noch in Ständern angebunden waren, denn in diesen Ställen wurden der Freiheits- und Unabhängigkeitstrieb der Pferde unterdrückt.

Selbst das Aufstallen in einer Box, in der das Pferd dem Eindringling zuerst einmal ausweichen kann, mindert schon einen Teil seiner Aggressivität.

Zum Beißer kann ein Pferd werden, wenn es in seiner Jugend durch Spiele und Neckereien zum »Schnappen« animiert wurde. Bei einem niedlichen Fohlen lässt man sich das gerne gefallen. Aber auch der Klaps mit der Hand auf die Nüstern bei jedem nötigen oder unnötigen Anlass kann ein Pferd zum Beißer machen. Das Pferd, das nicht mehr weiß, ob die Hand einen Leckerbissen oder einen Schlag austeilt, neigt aus Abwehr gegen die Hand zum Beißen. Aus diesem Grund sollte man ein Pferd nie mit einem Handstreich an den Kopf strafen.

Auch das Schlagen ist eine Möglichkeit des Pferdes, sich gegen einen tatsächlichen oder vermeintlichen Gegner zu wehren. Hier muss zwischen einer Reflexhandlung und dem bewussten Schlagen unterschieden werden. Wenn ein Pferd ausschlägt, weil es wegen einer unvorsichtigen Berührung erschrickt, handelt es sich um einen angeborenen Reflex.

So reagieren schon wenige Tage alte Fohlen, die noch keine negativen Erfahrungen gemacht haben. Wurde dagegen ein Pferd böswillig schlecht behandelt oder gar gequält, dann schlägt es natürlich auch, um sich gegen seinen Peiniger zu wehren. Je nachdem, wie häufig das Pferd schlecht behandelt wird, kann aus der bewussten eine Reflexhandlung werden: Sobald das Pferd einen Menschen hinter sich sieht, schlägt es aus. Diese Pferde werden am besten in einem anderen Stall durch eine wohlwollende, artgerechte Behandlung und mit viel Geduld »geheilt«.

Mit zarter Hand putzen

Ein dünnhäutiges und sensibles Pferd kann zu einem Schläger und Beißer werden, wenn es mit zu viel Kraftaufwand geputzt wird. Wer beobachtet, wie ein Pferd mit der Haut zuckt, wenn eine kleine Fliege darauf Platz nimmt, der kann auch verstehen, dass es sich gegen den Unmenschen wehrt, der es mit einem Blechstriegel malträtiert.

Frisch geputzt? – Ab ins Sandbad!

Eine für den Pfleger nicht immer angenehme Gefühlsäußerung des Pferdes ist dessen Bedürfnis, sich nach dem Putzen zu wälzen. In der Wildnis gehörte das Sandbad zur täglichen Hautpflege. Dieses Bedürfnis ist tief verwurzelt.

Wälzen im Schnee ist herrlich und gehört zur Hautpflege.

Vertrauen muss man sich verdienen.

Verletzungsgefahr

Gefühlsäußerungen, bei denen sich das Pferd selbst verletzen kann, sind Klopfen und Schlagen gegen die Boxenwände. Zeigt ein Pferd solche Reaktionen, kann das die verschiedensten Gründe haben: Sein Bewegungs-, Freiheits- und Unabhängigkeitstrieb sind stark beeinträchtigt, es möchte Futter, braucht ein wenig Aufmerksamkeit, oder es hat ganz einfach Spaß an dem knallenden Geräusch der Hufe auf der Bretterwand. Es gibt einige bewährte Maßnahmen, mit denen solche Unarten unterbunden werden können: Decken Sie die Bretterwand mit Bandgummi, Strohmatten oder anderen schalldämmenden Materialien ab. Darüber hinaus brauchen diese Pferde mehr Bewegung und Abwechslung. Dies gilt auch für Pferde, die aus purer Langeweile krankhafte Symptome wie »Koppen« und »Weben« zeigen.

! **Beachte:**

Vertrauen gewinnen

Wenn Sie die Gefühlsäußerungen des Pferdes erkennen und entsprechend darauf reagieren, ist dies der erste Schritt für eine harmonische Beziehung. Denn Zufriedenheit und Wohlbefinden ziehen Vertrauen nach sich. Ziel einer guten Partnerschaft muss es sein, Vertrauen zu schenken und zu gewinnen. Denn: Ein zufriedenes Pferd ist auch ein sicheres Pferd.

Möglichst keine Veränderungen: das Raumgefühl

Dem Raumgefühl des Pferdes wird viel zu wenig Bedeutung beigemessen. Bei sensiblen Pferden ist das Raumgefühl stark, bei primitiven Pferden weniger stark ausgeprägt. Für sein Wohlbefinden ist es wichtig, dass ein Pferd weiß, welches sein Stall, seine Box, sein Nachbar, seine Reitanlage oder sein Hänger ist. Erst wenn dieses Raumgefühl befriedigt ist, nimmt das Pferd auch seine nähere und weitere Umgebung wahr.

In Verkaufsställen werden Pferde mit Mängeln, die auf zu große Langeweile zurückzuführen sind– wie Weben und Koppen –, in gewissen Zeitabständen umgestellt. Denn durch das Umstellen wird das Raumgefühl gestört und der Erkundungs- oder Neugierdetrieb wird angeregt. Die Pferde sind dann eine Weile so mit der neuen Situation beschäftigt, dass sie für kurze Zeit ihre Untugenden vergessen.

Für uns Menschen ist es manchmal unverständlich, wie empfindlich Pferde reagieren, wenn sich auf ihrem Reitplatz oder in ihrer Halle etwas verändert. Und je sensibler ein Pferd ist, desto stärker ist seine Reaktion auf das gestörte Raumgefühl. Auch wenn Sie sein Verhalten nicht immer nachvollziehen können – strafen Sie Ihr Pferd nicht, denn es verhält sich vollkommen artgerecht.

! Beachte:

Nur ein Reiter oder Ausbilder, der die Psyche seines Pferdes nicht kennt, wird das Pferd bestrafen und versuchen, dessen gestörtes Raumgefühl mit Gewalt zu korrigieren. Doch damit erreicht er nur das Gegenteil: Das Pferd wird sich bei der kleinsten räumlichen Veränderung an die Schläge erinnern und mit Panik reagieren.

Die innere Uhr: das Zeitgefühl

Im Umgang mit Pferden spielt auch ihr Zeitgefühl eine große Rolle. Ein Pferd würde sich am wohlsten fühlen, wenn es täglich zur selben Zeit gefüttert, geputzt, longiert und geritten würde. Bei sensiblen Pferden ist es beispielsweise keine Seltenheit, dass sie während eines Turniers schlecht oder fast gar nichts fressen. Ein nicht zu unterschätzender Grund dafür sind neben der fremden Box oder dem Stress die veränderten Fütterungszeiten, die vom Beginn und Ende eines Turniers abhängen und das Zeitgefühl eines Pferdes empfindlich stören können.

Wie ausgeprägt das Zeitgefühl bzw. die innere Uhr eines Pferdes ist, verdeutlichen folgende Anekdoten:

Bis zum Ende der 50er-Jahre waren im Bergbau noch Pferde beschäftigt. Beginn und Ende einer Schicht waren genau festgelegt und die Zeiten wurden auch strikt eingehalten. Als einmal über die normale Schichtzeit hinaus gearbeitet werden sollte, verweigerte das sonst so brave Grubenpferd seine Arbeit.

Ein Bauer schickte seinen Knecht mit den Pferden auf das Feld zum Pflügen. Der Knecht sagte zu dem Bauern, er hätte keine Uhr. Der Bauer antwortete: »Die brauchst du nicht; nach 5 Uhr ziehen die Pferde keinen Strang mehr!«

Im Schulbetrieb meines Vereins hatten wir ein Schulpferd mit einer präzisen inneren Uhr. Ich musste während einer Reitstunde dringend fort und bat eine schon etwas fortgeschrittenere Reitschülerin, für mich weiter zu unterrichten. Sie sagte, sie hätte keine Uhr. Darauf konnte ich antworten: »Wenn die Stunde vorbei ist, steht Julia auf der Mittellinie!« So war es dann auch. Jeder schwächere Reiter musste vor der inneren Uhr unserer Julia kapitulieren.

!

Beachte:

Wenn Ihnen das Wohlbefinden Ihres Pferdes wichtig ist, versuchen Sie seinem ausgeprägten Zeitgefühl auch bei außergewöhnlichen Anlässen entgegenzukommen.

Das Gedächtnis

Das Gedächtnis ist die Fähigkeit, Wahrgenommenes zu behalten und sich an zurückliegende Wahrnehmungen zu erinnern. Jedes Erlebnis hinterlässt einen positiven oder negativen Eindruck. Pferde haben ein phänomenales Gedächtnis. Sie können sich auch noch nach Jahren an schmerzhafte oder angenehme Ereignisse erinnern und mit dem auslösenden Gegenstand oder dem situativen Kontext dieses Erlebnisses verknüpfen.

Vielfältige Eindrücke formen

Die Vielfalt der Eindrücke formt das Gedächtnis eines Pferdes. Ein Pferd, das ständig in seiner Box steht, sammelt weniger Eindrücke als ein Pferd, das täglich zwei bis drei Stunden trainiert oder durch die Landschaft geritten wird. Durch immer neue Eindrücke werden die geistige Aufnahmefähigkeit und das Gedächtnis geschult und gefördert. Warum wohl wird dem Araber die höchste Intelligenz nachgesagt? Weil er Tag und Nacht Kontakt mit dem Menschen hat und täglich neue Eindrücke speichert.

Beachte:

Es gibt nicht wenige Reiter, die durch das gute Gedächtnis ihrer Pferde an frühere Fehler und »Schandtaten« erinnert werden. Setzen Sie Ihre erzieherischen Maßnahmen deshalb mit Bedacht ein. Willkür schadet nicht nur dem Pferd, sondern zerstört auch das Vertrauensverhältnis und gefährdet die Sicherheit.

Intelligenz, Verstand und Konzentrationsvermögen

Geistige Aufnahmefähigkeit: die Intelligenz

Unter Intelligenz versteht man die geistige Aufnahmefähigkeit, die sowohl beim Menschen als auch beim Pferd unterschiedlich stark ausgeprägt ist. Die Aufnahmefähigkeit eines Pferdes kann durch den innigen Kontakt mit einem Menschen sowie durch systematische Erziehung und abwechslungsreiche Ausbildung gefördert werden.

Der Verstand: Pferde denken direkt

In Bezug auf den Verstand unterscheiden sich Mensch und Pferd ganz wesentlich. Der Mensch kann geistig Aufgenommenes mit seinem Wissen und seiner Erfahrung verknüpfen. Er kann Schlussfolgerungen daraus ziehen und es durchdenken: Er kann darüber reflektieren.
Das Pferd kann dagegen nur direkt denken. Es kann das, was es soeben aufgenommen hat, nur innerhalb von drei Sekunden mit einem zweiten Eindruck kombinieren. Wurde eine Lektion gut ausgeführt, muss deshalb sofort gelobt, bei einer schlechten Ausführung sofort getadelt werden. Das Pferd kennt nur die gegenwärtige Situation. Muss es beispielsweise auf dem Vorbereitungsplatz nachexerzieren, weil die Ausführung während der Prüfung schlecht war, so kann es diese beiden Ereignisse nicht in Zusammenhang bringen. Dafür hat das Pferd ein ausgezeichnetes Gedächtnis: Es speichert positive und negative Erlebnisse, erinnert sich an Menschen und prägt sich örtliche Gegebenheiten ein.

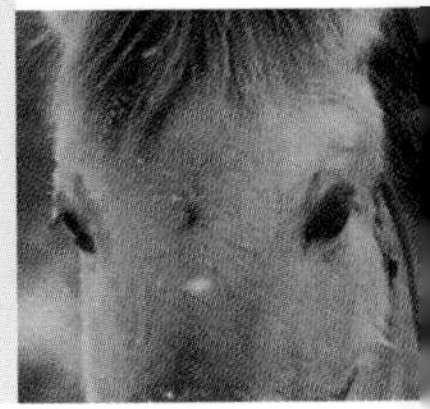

Beachte:

Im Umgang mit Pferden müssen Sie sich immer vor Augen halten, dass zwischen dem bewussten Erleben eines denkenden Menschen und dem direkten Denken und direkten Reagieren eines Pferdes ein gewaltiger Unterschied besteht. Wenn Sie diesen Rat beherzigen, werden Sie Ihrem Pferd viel seltener Unrecht tun.

Einem Pferd eine Geistesarbeit, selbst auf dem Niveau eines kleinen Kindes, zu unterstellen oder diese gar von ihm zu verlangen, ist unmöglich. Selbst komplizierte Handlungen, wie z.B. Boxentür und Haferkiste öffnen, dem Nachbarn die Schnalle am Halfter aufmachen, denen der Laie gern Gedankenarbeit andichtet, sind nichts anderes als vom Instinkt gesteuerte Triebhandlungen.

Das Konzentrationsvermögen: üben, üben, üben ...

Das Konzentrationsvermögen eines Pferdes muss, genau wie das des Menschen, geübt werden. Der Erfolg hängt von der richtigen Dosierung ab. Selbst bei einem bis Klasse S ausgebildeten Dressurpferd müssen in der Arbeitsphase – je nach Konzentrationsvermögen – Pausen eingelegt werden, denn manche Pferde reagieren bei Überforderung mit Widersetzlichkeit. Wenn Sie eine Überforderung vermeiden wollen, üben Sie mit dem Pferd idealerweise zweimal am Tag. Dabei wird das Konzentrationsvermögen nicht so stark strapaziert und die neue Übung ist für das Pferd einprägsamer. Üben Sie also eine neue Lektion besser nur kurz ein. Machen Sie dann eine Pause und wiederholen Sie das Ganze. Das ist mit wenig Mühe verbunden und erhöht den Lerneffekt. Ein guter Ausbilder verlangt die neue Lektion erst am Ende einer Stunde und bringt das Pferd bei gutem Gelingen sofort in den Stall.
Ein Pferd kann sich im günstigsten Fall 20 bis 25 Minuten lang konzentrieren. Wenn es sich zu lange konzentrieren muss, wird es entweder widersetzlich oder es stumpft ab.

Der Wille

Der Wille eines Pferdes ist im Gegensatz zum reflektierenden Willen des Menschen direkt. Den Willen eines Pferdes kann man am besten an seinem Verhalten und seiner Position im Herdenverband erkennen. Führt es die Herde an? Geht es als erstes an die Tränke oder an die Krippe? Trennt es sich von der Herde und geht allein auf Erkundung? Gewinnt es im Kampf um eine ranghöhere Stellung innerhalb der Gemeinschaft? Anhand des Verhaltens in der Herde kann ein Fachmann schnell erkennen, ob ein Pferd willensstark oder willensschwach ist.

Ein willensstarkes Pferd fordert von Ihnen mehr Geduld, Zeit und korrektes Verhalten, bis es Sie respektiert, als ein willensschwaches Pferd. Auch in der Beziehung von Reiter und Pferd spielt die Rangordnung eine Rolle. Wehe dem Reiter, der oft vor seinem Pferd auf dem Boden liegt! Hat ein willensstarkes Pferd seinen Reiter aber als Ranghöheren anerkannt, wird es leistungsbereiter sein als jedes andere Pferd.

!

Beachte:

Willensstarke Pferde können bei einem Mangel an Bewegung willensbedingten Widerstand leisten. Wenn Sie ein willensstarkes Pferd haben, sollten Sie versuchen, den starken Willen in Zuneigung und innere Bereitschaft umzuformen, dann wird das Pferd Ihnen vertrauen.

Charakter und Temperament

Bezüglich Charakter und Temperament sind sich Mensch und Pferd am ähnlichsten. Diese persönlichkeitsbestimmenden Eigenschaften sind angeboren und nur bedingt beeinflussbar.

Individuelle Wesenszüge: der Charakter

Charakter kommt aus dem Griechischen und bedeutet soviel wie »das Eingegrabene« oder »das Eingeprägte«. Unter Charakter versteht man die Summe einzelner Wesenszüge, die durch Erbanlage bedingt, aber durch Erziehung und Gewöhnung veränderbar sind.

Wenn bei Mensch und Pferd auch eine gewisse Ähnlichkeit bezüglich ihres Charakters festzustellen ist, so gibt es doch auch einige Unterschiede. Wie wir bereits gesehen haben, kann ein Pferd nicht reflektieren. Deshalb kann es seine Handlungen nicht verantworten oder dafür zur Rechenschaft gezogen werden. Es kann aus einer Tatsache weder etwas folgern noch Vergleiche anstellen. Dennoch ist die Palette der Wesenszüge eines Pferdes genauso bunt wie die des Menschen. Ein Pferd kann frech, ängstlich, lerneifrig, uninteressiert, aufdringlich oder reserviert sein. Diese Aufzählung ließe sich noch beliebig fortführen.

Damit die Ausbildung einen guten Verlauf nimmt, ist es wichtig, dass Ausbilder und Reiter die entsprechenden Wesenszüge erkennen. Der Ängstliche muss anders behandelt werden als der Forsche oder Freche, der Faule anders als der Fleißige und der Unbekümmerte anders als der Sensible. Was dem einen gut tut und förderlich ist, passt für den entgegengesetzten Charaktertyp mit Sicherheit nicht.

Jedes Pferd hat ein anderes Temperament.

Das Temperament: von sanft bis lebhaft

Temperament kommt aus dem Französischen und bezeichnet die auf Veranlagung beruhende Gemütsart. Das Temperament ist angeboren und im Allgemeinen nicht wandelbar. Dennoch kann es durch Erziehung beeinflusst werden. Wir unterscheiden bei Pferden (wie bei Menschen) vier Temperamentsgruppen: den Sanguiniker (lebhaft) – meistens Braune; den Choleriker (jähzornig, reizbar) – häufig Füchse; den Melancholiker (schwermütig) – meistens Rappen und den Phlegmatiker (behäbig, schwer bewegbar) – meistens Schimmel. Sicherlich hat diese Einteilung keine Allgemeingültigkeit, Abweichungen sind möglich.

Beachte:

Der starke Wille, der gute Charakter und das lebhafte Temperament machen die Persönlichkeit eines Pferdes aus. Versuchen Sie, aus diesen Eigenschaften eine Leistungsbereitschaft zu gewinnen, die das »Glück der Erde« bedeutet.

Unfällen vorbeugen

Die Ausrüstung des Reiters

Jeder Ausbilder sollte sein Augenmerk vor allem darauf richten, dass die Ausrüstung eines Reiters keine Unfallgefahr birgt und bei eventuellen Unfällen optimalen Schutz bietet.

Sicherheit von Kopf bis Fuß

Bei Stürzen ist vor allem der Kopf stark gefährdet, deshalb ist der wichtigste Teil der Ausrüstung eine bruch- und splittersichere Kappe. Am effektivsten schützt sie mit einer Drei- bzw. Vierpunktbefestigung, die ein Verrutschen des Helms verhindert.

Sicherheitshelme sollten nicht nur für Junioren in Wettbewerben, Spring- und Geländeprüfungen selbstverständlich sein, sondern auch bei den täglichen Reitübungen.

Ebenso wichtig ist das Schuhwerk! Stiefel und Stiefeletten sollten einen festen Halt bieten und einen deutlichen Absatz haben, damit der Fuß im Steigbügel einen guten Halt hat und nicht durchrutschen kann. Außerdem sollten Stiefel oder Stiefeletten nicht so breit sein, dass sie sich im Bügel verklemmen können.

Sind Handschuhe nötig?

Reithandschuhe sind kein Muss. Wenn Sie sich Handschuhe zulegen wollen, sollten Sie darauf achten, dass sie genau passen und griffig sind. Dann können sie das Durchgleiten schweiß- oder regennasser Zügel verhindern.

Kleidung: bequem, aber nicht zu weit

Die Oberbekleidung sollte zwar eng anliegen, aber trotzdem noch genügend Bewegungsfreiheit bieten. Eine eng anliegende Oberbekleidung erleichtert dem Ausbilder die Sitzkorrektur, und Sie können damit beim Auf- und Absitzen nicht am Sattel hängen bleiben.

Achten Sie beim Kauf von Hosen darauf, dass sie am Hosenbund, im Schritt, an den Knien und den Waden nicht zu eng sind. Sie sollten aber auch nicht so weit sein, dass sich Falten bilden können. Zu enge wie zu weite Hosen können zu Druck- und Scheuerstellen führen.

Schmuck ist überflüssig

Lassen Sie beim Reiten Ihren Schmuck lieber zu Hause. Ringe, baumelnde Halsketten oder Ohrgehänge sehen zwar schön aus, bergen aber eine nicht zu unterschätzende Unfallgefahr.

Eine sichere Ausrüstung ist wichtig.

Der erste Kontakt mit dem Pferd

Lassen Sie sich von einer erfahrenen Person mit dem Pferd bekannt machen.

Beim Umgang mit dem Pferd sollten Sie zu Ihrem eigenen Schutz gewisse Sicherheits- und Verhaltensregeln beachten, denn etwa jede zehnte Verletzung im Reitsport ist auf mangelnde Kenntnis des für Pferde typischen Verhaltens zurückzuführen.

Bei Ihrem ersten Kontakt mit einem Pferd sollte ein Ausbilder oder ein erfahrener Reiter dabei sein, der Sie mit dem Pferd vertraut macht. Er kann Sie auf besondere Verhaltensweisen aufmerksam machen und Ihnen deren Bedeutung erläutern. Denn kein Pferd ist wie das andere, jedes hat seinen eigenen Charakter, seine Vorzüge und seine Marotten.

Pferde sind Persönlichkeiten

Beide, der Anfänger und das Pferd, sollen sich in einer freundlichen und ruhigen Atmosphäre kennen lernen. Dies ist ein wesentlicher Teil der Unfallverhütung. Seien Sie sich immer bewusst, dass ein Pferd nicht wie das andere reagiert. Auch wenn Ihr Pferd brav ist, ein anderes muss es nicht sein! Lassen Sie sich bei jedem neuen Kontakt mit einem Pferd von einem Kenner seiner »Seele« einführen.

Auch ein freundlich gemeinter Stupser kann gefährlich sein.

Liebe geht durch den Magen

Pferde sind für einen kleinen Leckerbissen immer zu haben. Halten Sie deshalb in der Tasche einige Apfel- oder Möhrenstückchen bereit, die Sie dem Pferd auf der flachen Hand anbieten.

Sie betreten die Box – das Pferd freut sich

Freut sich das Pferd über den Besucher, wiehert es und kommt ihm entgegen. In seinem Begrüßungsverhalten macht es dabei keinen Unterschied zwischen Mensch und Artgenossen. Entsprechend kann die Begrüßung ein kleiner »Stupser« oder ein, wenn auch freundlich gemeinter, heftiger »Rempler« sein, der den Eintretenden unversehens ins Stroh befördert. Dabei besteht nicht nur die Gefahr, sich an Futtergrippe oder Tränke zu verletzen, sondern auch noch vom Pferd mit den Hufen getroffen zu werden.

Beachte:

Einige praktische Tipps für die erste Begegnung

- Das Pferd ist schreckhaft: Sprechen Sie das Pferd an, bevor Sie sich ihm nähern. Vermeiden Sie hektische Bewegungen. Berühren Sie es erst, wenn Sie neben ihm stehen.
- Das Pferd ist hörempfindlich: Sprechen Sie es in ruhigem Ton an.
- Das Pferd ist hautempfindlich: Kitzeln oder tätscheln Sie es nicht, sondern geben Sie ihm einen festen Klaps.
- Das Pferd sieht aufgrund der Anordnung seiner Augen anders wie wir: Stellen Sie sich also nicht vor das Pferd, sondern etwas seitlich von ihm.

Was können Sie tun?
Begegnen Sie einer freudigen Begrüßung mit Vorsicht. Nähern Sie sich nur langsam, vermeiden Sie hektische Bewegungen. Treten Sie aber immer sicher auf – wirken Sie nämlich ängstlich, überträgt sich dies auf das Pferd.

Vorsicht: Das Pferd zeigt Abneigung.

Sie betreten die Box – das Pferd zeigt Abneigung

Das ängstliche Fluchttier Pferd neigt dazu, vor einem »Eindringling« zu flüchten, wenn es mit Menschen negative Erfahrungen gemacht hat. Ist, wie in der Box, der Fluchtweg versperrt, wird das Pferd aggressiv. Es legt die Ohren zurück, schnappt, beißt oder schlägt aus. Dieses Verhalten ist nur auf unsachgemäße Behandlung durch den Menschen zurückzuführen. Pferde, die in der Box ein solches Verhalten zeigen, können unter dem Reiter oder auf der Koppel lammfromm sein, denn hier ist der Fluchtweg ja frei.
In einem solchen Fall ist es wichtig, dass im Stall das Vertrauen zwischen Mensch und Tier wiederhergestellt wird. Auch die Nachbarschaft eines anderen Pferdes kann einen negativen Einfluss haben. Hat ein Pferd eine Abneigung gegen einen Boxennachbarn, müssen die Pferde umgestellt werden. Nur mit Ruhe und Geduld ist das aggressive Verhalten eines Pferdes in der Box zu korrigieren.

Was können Sie tun?

Bringen Sie Zeit mit. Stellen Sie sich in die halb geöffnete Tür. Zeigt das Pferd Drohverhalten, bleiben Sie dennoch stehen. Schauen Sie es an und reden Sie beruhigend auf es ein. Als ängstliches Fluchttier weicht das Pferd dann meist zurück. Gehen Sie nun vorsichtig in die Box, sprechen Sie mit dem Pferd und füttern Sie es dabei mit Äpfeln, Möhren oder Brot. Duldet das Pferd den etwas längeren Aufenthalt des Menschen in der Box, ist der erste Schritt zur Wiederherstellung des Vertrauensverhältnisses getan.

Unbedingt vermeiden!

Wenden Sie beim Drohverhalten eines ängstlichen und sensiblen Pferdes niemals Gewalt an. Das würde seine Aggressivität nur noch steigern.

Das Pferd aus der Box führen

Meist wird ein Pferd mit einem Strick, der an seinem Halfter befestigt ist, aus der Box geführt. Der Führende geht vor und das Pferd folgt ihm. Denken Sie dabei daran, dass ein Pferd länger und breiter ist als ein Mensch und einen entsprechend größeren Radius benötigt, wenn es z. B. durch eine halb offene Tür gehen soll. Wenn Sie dies nicht berücksichtigen, riskieren Sie, dass sich das Pferd stößt. Es kann vorstürmen oder zurückweichen und sich und den Führenden dabei verletzen. Aber auch im Weg stehende Gegenstände können ein Pferd verängstigen und zu Panikreaktionen führen.

So bitte nicht!

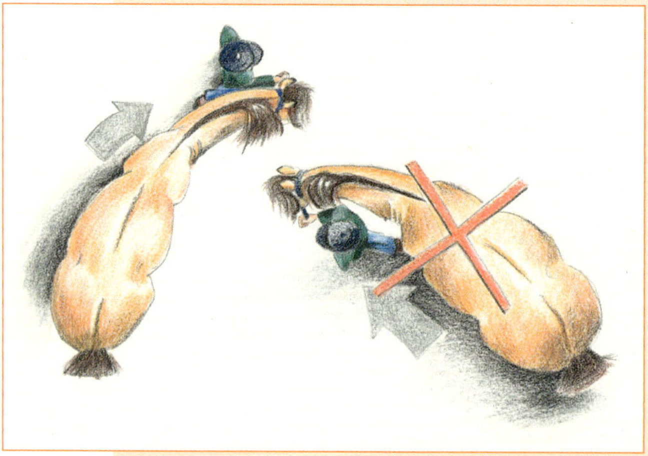

Wenden eines geführten Pferdes: links richtig, rechts falsch.

Rechts oder links gehen?

Wenn Sie ein Pferd führen, gehen Sie links neben seiner Schulter. Halten Sie mit dem Pferd Blickkontakt, um sich rechtzeitig auf eventuelle Reaktionen des Pferdes einstellen zu können. Soll das Pferd gewendet werden, wird es nach rechts – also vom Führenden weg – geführt. Wird ein Pferd in die Box zurückgeführt, muss es dort gewendet werden, so dass die Hinterhufe zur Wand zeigen und man den Stall gefahrlos verlassen kann.

Was können Sie tun?

- Öffnen Sie beim Herausführen des Pferdes die Boxentür immer so weit wie möglich.
- Entfernen Sie alle Gegenstände, die den Weg einengen oder an denen ein Pferd hängen bleiben könnte.
- Führen Sie fremde Pferde besser nur mit Trense, lassen Sie dabei den Zügel nicht auf dem Hals liegen.
- Wickeln Sie beim Führen den Strick oder den Zügel nie um die Hand.
- Tragen Sie stabile Schuhe oder Stiefel – sie haben schon manchen Tritt eines Pferdes auf den Fuß des Führenden etwas gelindert.

Das Pferd auf die Koppel führen

Das Pferd ist ein ängstliches, schreckhaftes Fluchttier. Da es bewegungsintensiver sieht und besser hört als ein Mensch, nimmt es Geräusche und Bewegungen wahr, von denen wir überhaupt keine Notiz nehmen. Deshalb kann sich ein Pferd erschrecken, ohne dass wir den Grund dafür nachvollziehen können. Dazu muss noch mit dem Übermut und dem Bewegungsdrang eines Pferdes gerechnet werden, wenn es auf die Koppel geführt wird. Es ist keine Seltenheit, dass der Führer eines Pferdes auf dem Hosenboden landete bzw. von einem Pferd nachgeschleift wurde.

Führen Sie das Pferd mit einem zu langen Strick oder an der Longe, wird der Abstand zwischen Ihnen und dem Pferd zu groß. Sie können nicht mehr genügend auf das Pferd einwirken, so dass ein übermütiges Pferd Sie bei Bocksprüngen mit den Hufen treffen oder sogar umreißen kann.

Gefährlich: Die Freude hat das Pferd übermannt.

Was können Sie tun?

Öffnen Sie das Koppeltor, bevor Sie das Pferd oder die Pferde auf die Koppel führen. Ein Pferd lässt sich besser kontrollieren, wenn Sie ihm einen Halfterstrick durch das Maul ziehen oder diesen über die Pferdenase legen. Kreuzt der Weg zur Koppel eine Verkehrsstraße, sollten Sie über das Halfter eine Trense zäumen.

Der Abstand zwischen Ihnen und dem Pferd sollte nicht zu groß sein.

Werden mehrere Pferde gleichzeitig auf die Koppel geführt, achten Sie unbedingt auf den notwendigen Sicherheitsabstand zwischen den Tieren: Er sollte zwischen zweieinhalb und fünf Meter betragen.

Führen Sie die Pferde niemals nebeneinander, denn jedes will als Erstes auf der Koppel sein.

Sind alle Pferde auf der Koppel, schließen Sie das Koppeltor. Bevor Sie den Führstrick bzw. die Trense abzäumen, stellen Sie das Pferd mit dem Kopf gegen die Umzäunung. So muss es sich erst umdrehen, bevor es loslaufen bzw. losstürmen kann, und die Gefahr, dass Sie von einem vor Freude buckelnden Pferd mit den Hufen getroffen werden, ist geringer. Lassen Sie mehrere Pferde möglichst zeitgleich los! Koppeln in der Nähe von Dörfern, Verkehrsstraßen und in Ballungsräumen müssen Sie in jedem Fall so sichern, dass sie von Kindern nicht geöffnet werden können.

!

Beachte:

Koppeln sollten generell von Kindern nicht geöffnet werden können. Sorgen Sie für eine entsprechende Sicherung.

Pferde in den Pferdehänger führen

Auch das Führen in den Hänger oder den Transporter muss mit einem jungen oder unerfahrenen Pferd lange vor der ersten offiziellen Hängerfahrt geübt werden. Vom Eindruck beim ersten Verladen und bei der ersten Fahrt hängt es ab, wie freudig bzw. widersetzlich das Pferd in Zukunft in den Hänger geht. Darum sind Ruhe, Besonnenheit, Geduld und eine gehörige Portion »Pferdeverstand« erforderlich.

Wenden Sie niemals Gewalt an.

Was können Sie tun?

- Schützen Sie die Pferdebeine mit geeigneten Gamaschen.
- Verwenden Sie zum Eingewöhnen einen Zweipferdehänger, in dem noch ein Begleitpferd Platz hat.
- Das Verladen sollte von zwei erfahrenen Personen durchgeführt werden, vor allem, wenn ein junges oder unerfahrenes Pferd zum ersten Mal in den Hänger geführt wird.
- Platzieren Sie den Hänger möglichst so, dass er seitlich von einem Gebäude begrenzt wird.
- Die Klappe des Hängers muss flach, geräuschdämpfend und rutschfest sein. Ist dies nicht der Fall, legen Sie Stroh oder Mist auf die Klappe.

Die Heckboxenstange einlegen und die Verladeklappe schließen.

- Sorgen Sie dafür, dass ein Pferd, das willig in bzw. aus dem Hänger geht, das junge, unerfahrene Pferd begleitet. Die Pferde müssen sich natürlich gut verstehen.
- Führen Sie zuerst das erfahrene Pferd in den Hänger.
- Lassen Sie das junge bzw. unerfahrene Pferd von einer Vertrauensperson unter beruhigendem Abklopfen an den Hänger heranführen. Die zweite Person folgt mit einem gewissen Sicherheitsabstand als treibende Hilfe.
- Ist das Pferd willig in den Hänger gegangen, bieten Sie ihm sofort einen Leckerbissen an. Legen Sie vor dem Anbinden die Heckboxenstange ein und schließen Sie die Verladeklappe.
- Ruhiges und vorausschauendes Fahren trägt wesentlich dazu bei, dass Pferde immer wieder willig in den Pferdehänger oder Transporter gehen und die Fahrt ohne Panik durchstehen.
- Achten Sie beim Ausladen darauf, dass das Pferd nicht seitlich von der Klappe herunterrutscht und dass die Verschlusshebel weggesteckt sind.

Wenn sich das Pferd widersetzt

Widersetzt sich das junge Pferd oder erschrickt, wenn es auf die Hängerklappe tritt, dürfen Sie es unter keinen Umständen anschreien oder bestrafen. Beruhigen Sie das junge Pferd und lassen Sie das erfahrene Pferd so weit aus dem Hänger zurücktreten, dass das junge Pferd es beschnuppern kann. Versuchen Sie nun, beide Pferde gleichzeitig in den Hänger zu führen.

Haben Sie auch mit dieser Methode keinen Erfolg, verwenden Sie zwei Longen, die Sie am Hänger befestigen und hinter dem jungen Pferd (unter den Hinterbacken) kreuzen. Jetzt brauchen Sie noch ein dritte Person, die Ihnen hilft. Die Vertrauensperson führt und lockt das Pferd nun mit Leckerbissen, während die beiden Helfer behutsam an den Longenenden ziehen. Achten Sie dabei unbedingt auf einen entsprechenden Sicherheitsabstand. Selbst mit beiden Longen um die Hinterhand kann ein Pferd nämlich noch kräftig austeilen.

Haben Sie mit keiner der beschriebenen Methoden Erfolg, sollten Sie das Verladen vor der nächsten Mahlzeit wiederholen. Ein Netz mit Heu oder ein mit Karotten oder Hafer gefüllter Eimer, wirkt selbst bei dem widersetzlichsten Pferd Wunder.

Helfen Sie dem Pferd mit der Longe.

Das Pferd putzen

Sorgfältiges Putzen fördert das Wohlbefinden und die Gesundheit des Pferdes und wird nach den *Richtlinien für Reiten und Fahren*, Band I und IV, durchgeführt. Auch wenn Sie in Eile sind, sollten Sie sich die Zeit nehmen und vor dem Reiten wenigstens die Sattellage säubern. Vermeiden Sie beim Putzen grundsätzlich hektische Bewegungen. Schließlich soll das Pferd das Putzen ja nicht als Belästigung empfinden. Kinder sind beim Putzen besonders eifrig. Sie wollen ihr Pferd zum Glänzen bringen und krabbeln dabei unter den Pferdebauch oder steigen auf Hocker und Eimer, um auch ja alle Stellen zu erreichen. Das kann selbst dem ruhigsten Pferd zu viel werden und zu Abwehrverhalten und Widersetzlichkeit führen.

Beim Putzen nicht herumturnen – das ist gefährlich!

Laut Statistik sind Kinder und Jugendliche im Alter bis zu 14 Jahren im Umgang mit Pferden besonders gefährdet. An über 40 Prozent aller Reitsportunfälle sind Kinder dieser Altersgruppe beteiligt.

Was können Sie tun?

Putzen Sie Ihr Pferd, wenn möglich, nicht in der Box, denn Sie könnten dabei an die Boxenwand gedrückt werden.

Müssen Sie das Pferd in der Box putzen, weil kein anderer Platz frei ist, binden Sie das Pferd an einem Anbindering oder einer Stange (aber nicht an der Wasserleitung der Selbsttränke) an. Achten Sie darauf, dass der Knoten oder Karabinerhaken anschließend leicht wieder zu öffnen ist. Gleich an welcher Stelle, ein Pferd muss in jedem Fall so kurz wie nötig und so lang wie möglich angebunden werden.

Früh übt sich ...

Achten Sie außerdem darauf, dass im Putzbereich keine überflüssigen Gegenstände stehen. Werden mehrere Pferde gleichzeitig geputzt, müssen Sie auf den nötigen Sicherheitsabstand zwischen den Tieren achten; er sollte mindestens 2 bis 2,5 Meter betragen.

Mit dem Striegel wird der Schmutz nur an den gut bemuskelten Körperteilen aufgelockert. Das darf nicht zu fest, aber auch nicht zu sachte durchgeführt werden. Unruhige Bewegungen machen sensible Pferde nervös und haben außerdem auch nicht den gewünschten Massageeffekt.

!

Beachte:

Putzen Sie ein Pferd mit ruhigen, gleichmäßigen Bewegungen. Üben Sie nicht zu viel, aber auch nicht zu wenig Druck aus.

Wichtig: Stellen Sie sich beim Auskratzen der Hufe dicht an das Pferd.

Hufe auskratzen

Stellen Sie sich zum Auskratzen der Hufe seitlich dicht an das Pferd. Heben Sie den Huf mit beiden Händen an, bis die Gelenke des Beins etwas angewinkelt sind. Nehmen Sie nun den Hufkratzer und reinigen Sie die Hufsohle.

Achten Sie beim Ablassen des Hufs darauf, dass das Pferd den Huf nicht ruckartig zurückzieht und Ihnen dabei auf den Fuß tritt.

Ist genügend Platz, gehen Sie vorn um das Pferd herum. Müssen Sie aus Platzgründen hinter ihm vorbeigehen, sollten Sie unbedingt einen gebührenden Sicherheitsabstand einhalten und mit dem Pferd reden, auch wenn es noch so brav ist.

Während der Pferdepflege sollte der Pfleger die Mimik seines Pferdes beobachten. Pferde zeigen durch ihr Verhalten schon frühzeitig an, ob sie das Putzen als angenehm oder als unangenehm und hektisch empfinden.

Kitzelndes Streicheln, zaghaftes Aufheben der Hufe und Kletterübungen rund um das Pferd sind die häufigsten Unfallursachen bei der Pferdepflege.

! Unbedingt vermeiden!

- Stehen oder knien Sie beim Reinigen der Hufe niemals hinter dem Pferd, das wäre unverzeihlicher Leichtsinn!
- Nehmen Sie die Hufe nicht zu zaghaft auf und kitzeln Sie das Pferd nicht.
- Vermeiden Sie Kletterübungen.

Auf einen Blick

Willkommene Gesellschaft.

Die innige Beziehung zu einem Pferd ist eine Grundvoraussetzung für ein positives Reiterlebnis. Da Sie sich mit Ihrem Pferd nicht unterhalten können. ist es umso wichtiger, dass Sie es so genau wie möglich kennen bzw. kennen lernen. Nur dann können Sie seine Reaktionen verstehen, gefährliche Situationen erkennen und entschärfen. Hier im Überblick die wichtigsten Faktoren für Wohlbefinden und besseres Verständnis.

Die Situation im Stall

- Am wohlsten fühlen sich Pferde in artgerechter Offenstallhaltung. Ist dies nicht möglich, muss für genügend Auslauf und Bewegung gesorgt werden, denn nur so bleiben die Tiere körperlich und seelisch gesund. Bewegen Sie das Pferd zweimal am Tag ein bis zwei Stunden. Ruhetage können sinnvoll sein, reine Stehtage sind Unsinn.
- Pferde sind Herdentiere. Allein fühlen sie sich einsam. Wenn kein zweites Pferd im Stall steht, kann auch ein Hund, ein Schaf oder eine Ziege die Langeweile vertreiben.
- Unter den Pferden gibt es Freundschaften. Sorgen Sie dafür, dass befreundete Pferde nebeneinander stehen.
- Die Boxen sollten so groß sein, dass das Pferd sich darin drehen kann.
- Ein Pferd möchte seine Umgebung erkunden: Am besten ist eine Box mit Ausblick.
- Halten Sie Fütterungs- und Ruhezeiten pünktlich ein.

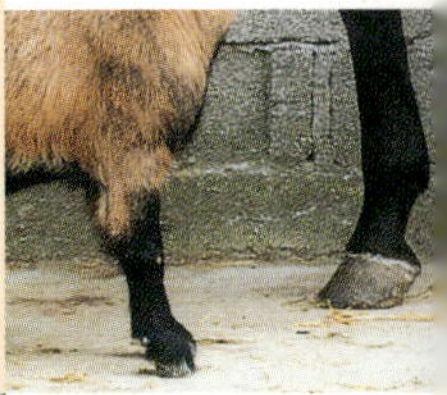

Die Ausbildung

- Das Pferd versucht zu seinen Artgenossen, aber auch zu Menschen und anderen Tieren, eine Rangordnung aufzubauen. Es ist wichtig, dass es Sie als ranghöher akzeptiert. Erreichen können Sie das nur durch Geduld, Einfühlungsvermögen und Konsequenz.
- Nutzen Sie den Geselligkeitstrieb des Pferdes: Stellen Sie einem unerfahrenen oder jungen Pferd ein Führpferd zur Seite.
- Respektieren Sie den Unabhängigkeitstrieb eines Pferdes: Versuchen Sie nie, eine Lektion mit Gewalt einzuüben.
- Versuchen Sie, dem Zeitgefühl des Pferdes auch bei außergewöhnlichen Anlässen gerecht zu werden.
- Setzen Sie erzieherische Maßnahmen mit Bedacht ein, denn Pferde haben ein gutes Gedächtnis.
- Nach einer gelungenen Lektion müssen Sie das Pferd sofort loben, sonst kann es den Bezug zwischen den beiden Ereignissen nicht mehr herstellen.
- Unterstellen Sie Ihrem Pferd keine geistige Leistung – ein Pferd kann nur direkt denken.
- Ein Pferd kann sich maximal 20 bis 25 Minuten konzentrieren. Legen Sie deshalb beim Üben neuer Lektionen immer wieder Pausen ein.
- Berücksichtigen Sie bei allem die individuellen Wesenszüge eines Pferdes.
- Ist ein Pferd aggressiv, versuchen Sie den Grund dafür zu finden.
- Strafen Sie Ihr Pferd nicht, wenn es auf räumliche Veränderungen empfindlich reagiert.

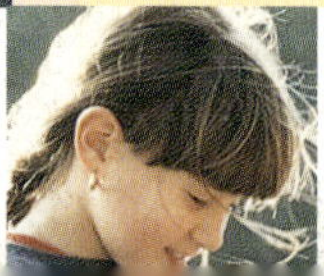

Unfällen vorbeugen

- Trainieren Sie regelmäßig. Viele Unfälle passieren, weil Pferd und Reiter untrainiert sind.
- Putzen Sie das Pferd regelmäßig und mit Gefühl: Ein Sattel auf einem verklebten Fell kann heftig schmerzen.
- Berücksichtigen Sie den Gewohnheitstrieb des Pferdes: Vermeiden Sie, wo möglich, Änderungen in seiner Umgebung oder machen Sie es langsam damit vertraut.
- Gewöhnen Sie Pferde an den Straßenverkehr; vor allem Fahrzeuge, die sich von hinten nähern, machen einem Pferd Angst.
- Lassen Sie einem Pferd beim plötzlichen Wechsel der Lichtverhältnisse Zeit, sich daran zu gewöhnen.
- Pferde sehen, riechen und hören anders als wir. Machen Sie sich dies bewusst und reagieren Sie niemals schroff oder ungeduldig.
- Achten Sie auf eine sichere Kleidung und verzichten Sie auf Schmuck beim Reiten.

! Eine sichere Reitkleidung:

- Sicherheitshelm oder bruch- und splittersichere Reitkappe mit Drei- bzw. Vierpunktbefestigung.
- Feste, nicht zu breite Stiefel oder Stiefeletten mit Absatz.
- Handschuhe.
- Gut sitzende, eng anliegende, aber nicht unbequeme Kleidung.
- Kein Schmuck.

Die Deutsche Bibliothek –
CIP-Einheitsaufnahme

Ein Titeldatensatz für diese Publikation ist bei Der Deutschen Bibliothek erhältlich

Bildnachweis
Lothar Lenz: Seiten 1, 2/3, 6, 7 o. li. und o. re., 8, 9 oben, 10 unten, 11, 13 unten, 15, 16, 18, 19, 20, 33, 34, 35, 36, 37, 39, 40, 41, 43, 45, 54, 56, 59, 61, 62
Maximilian Schreiner: Seiten 7 unten, 9 unten
Silvia C. Hofmann: Seite 24
Erwin Escher: Seiten 14, 36
Irene Hohe: Seiten 47, 63
Grafiken: Susanne Retsch-Amschler
Umschlagfotos: Titelfotos: rechts oben: Lothar Lenz
Mitte oben: Erwin Escher
links oben: Jürgen Kemmler
unten: Lothar Lenz
Rückseite: rechts: Ramona Dünisch
Mitte: Maximilian Schreiner
links: Maximilian Schreiner

Umschlaggestaltung: Studio Schübel, München
Layout: Parzhuber & Partner, München
Redaktion: Renate Hausdorf
Satz und Herstellung: Renate Hausdorf
Lektorat: Claudia Daiber

BLV Verlagsgesellschaft mbH München Wien Zürich
80797 München

Gesamtherstellung: Appl, Wemding

Printed in Germany · ISBN 3-405-15887-7